Our Book

Our Book

Florbela Espanca
Selected Poems

Translated from the Portuguese
by Billie J. Maciunas

RAIL EDITIONS BROOKLYN, NEW YORK

Contents

Preface

Born on December 8, 1894 in Vila Viçosa, among the sparsely populated area of the Alentejo region, far from the madding crowds of Lisbon and Coimbra or Porto, the poet Florbela Espanca had no predecessor in Portuguese letters. Her poetry had no precedent among women poets, either—even if one counts Mariana Alcoforado, the Portuguese nun credited by many with having written in the late seventeenth century the famous (if not infamous) *Lettres Portugaises*. It would take an extensive and elaborate study of social and historical psychology to disentangle and understand Portugal's Janus-like involvement with the matter of these letters, a work now pretty much accepted as having been written in French by a French writer and not by any Portuguese writer, nun or not.

Of course, that Espanca knew the "letters" is undeniable, but that they offered precedent and license for her own poetry is only slightly less evident. The Portuguese nun's letters are unanswered, while Espanca's own "letters"—her poems—are both unanswered and, her own ever-evolving discovery, unanswerable—certainly not in this life. If Dickinson could write of her own poetry, "This is my letter to the world / That never wrote to me,"

Espanca early on discovered that there was no one to write to her. Closer to Alcoforado, she also refers to herself as not only "Irmã" but, tellingly, as "Sóror Saudade"—as in "Sóror," the putative author of *Lettres Portugaises*.

"Out of your pain, make a poem"—so runs one version of the ancient adage. But many critics and most readers were not always ready to grant Espanca this right, or to countenance in any way her opportunities to do so. To grant her this would be to accept that her poems were autobiographical. Given the sensual nature of her poetry—so readily acceptable in the poetry of the male St. John of the Cross (San Juan de la Cruz), for instance—it was largely dismissed as insincere. (So, too, for that matter, were the love sonnets of Edna St. Vincent Millay, in another country and a few years later.) And if they were autobiographical—and thus sincere, or even bordering the sincere—then the confessional nature was at odds with the ideas of womanhood that Portuguese society insisted upon.[1] It was, of course, a matter of public morality. As critic Jorge de Sena says in his foundational essay on Espanca in 1946:

"Towards the end of the nineteenth century and in the early decades of this [the twentieth] century, many Portuguese women wrote—and in the main they

---

1   The poet's groundbreaking panegyrist Jorge de Sena skillfully skirts this…crux in Florbela's make-up: "The woman—the poet—and there was no other like her in Portugal—had no need to really 'love'; an empty heart was all she required, ever more empty in its burning and unsatisfied desire" ("A mulher—poeta—e nenhuma em Portugal o foi como Florbela—nem necessita de amar realmente, basta-lhe o coração vazio, e tanto mais vazio quanto arde sempre insatisfeito o seu desejo"—*Florbela Espanca ou a Expressão do Feminino na Poesia Portuguesa* (Porto: Biblioteca Fenianos, 1947), p. 23.

were poetesses, manifesting (predominantly in the sonnet) the sorrows of love. But that there were rigorous limits placed on these expressions is manifested in the shock caused by Florbela Espanca's eroticism. That is, Portuguese society, which was more open than protestant and puritan societies to the woman's ascendance to certain independence, would not accept the idea that women were as equally sexual as men. Hence the decision of another great writer, Irene Lisboa—whose erotic relationship with her lover was much freer than the one incestuously expressed by Espanca—to employ a reticent irony, and to confine herself to an ardor that disperses itself between detachment and solitude."[2]

A casual throwaway in this account of the Portuguese double standard regarding sex is the word "incestuous." However, "incest" is at the heart of the matter. It refers to the way in which the poet's scabrous reputation was constructed out of the presumed details of how Espanca lived her life—that reputation, of course, was used against her. The Portuguese public, believing that she and her brother constituted a case of incest, insisted that her poetry could not be in any way sincere. Of course, as her

---

2 "Nos fins do século xix português, e nas primeiras décadas deste século, muitas mulheres escrevem: e são em geral poetisas, manifestando (com predominância do soneto) as suas dores de amor. Mas que havia limites rigorosos a estes desabafos manifesta-se no choque que o erotismo de Florbela Espanca causou. Isto é, a sociedade portuguesa, mais abertamente que as sociedades protestantes e puritanas, admitia que a mulher ascendesse a certa independência... mas não aceitava que a mulher fosse sexualmente igual ao homem. Daí que outra grande escritora, Irene Lisboa, cuja relação erótica com o ser amado é muito mais livre que a expressa incestuosamente por Florbela, tenha escolhido uma expressão reticentemente irónica, e se confine a um ardor que so dispersa entre o desapego e a solidão"—Jorge de Sena, "Amor," in *Amor e Outros Verbetes* (Lisboa: Edições 70, 1992), pp. 25–68. Quotation from page 66.

champion in 1950, writer and critic José Régio (the co-editor of Editorial Presença, which has published several volumes of her work) tried to define her bodily-spiritual quest, not merely described in her work but incarnated in it, as an essentially universal one, which in her case was tragic and doomed to fail. Incidentally, if, a generation later, Irene Lisboa (who until the 1940s published major work under the masculine pseudonym João Falco) was "more free" than Espanca to express her eroticism, it is no stretch to credit her predecessor with having first broken through the mindless and senseless barriers to such expression by any poet—man or woman—in a voice that continues to surprise by its power to evoke aesthetic pleasure, nearly a century after its truths first shocked the Portuguese reader.

Now, for the first time, we have in Billie J. Maciunas's fine English translations an ample selection of the great Portuguese poet Florbela Espanca's "perfect sonnets," poems that Régio firmly believed must be numbered among the "best sonnets" to be found in the language.[3] This book marks an important milestone, one well over-due, in the making of Florbela Espanca's literary reputation outside of the Lusophone world. No doubt, hers is a poetry that matters.

George Monteiro

3   "[S]onetos perfeitos que bem creio ficarão a par dos melhores da nossa língua"—José Régio, "Ensaio Crítico," in *Florbela Espanca, Sonetos*, 17th ed. (Amadora: Livraria Bertrand, 1978), p.17.

Translator's Introduction

While exploring Lisbon in 1979, I first heard one of
Florbela Espanca's poems sung as a Fado song. It was
"Amar," and Cidália Moreira was singing. I was captured
by the lyrics as much as by the performance. I bought
a book of Espanca's verses and tried clumsily to translate
"Amar" into English—seeing that I barely knew
Portuguese! But the attraction was so strong that I
pursued the study of Portuguese language and literature,
and eventually wrote a master's thesis on Florbela Espanca.
Although "Amar" remains ineffable and difficult to
translate, the latest of many versions is included in *Our
Book*. Over the years, I have translated more of Espanca's
poems, and am enchanted by the juxtapositions of
Romantic, modern, and Symbolist images skillfully mixed
in the beautiful sonnet form. Some of Espanca's poems
contain scenes from the Alentejo—where she grew up—
adding to their otherworldly, antique, and emotional
sensibility.

When I read Florbela Espanca, I relive Lisbon 1979
in small Fado cafés where, out of respect, diners put
down their forks when the singing begins. I would like
the English-speaking reader to be transported to her
own version of this café when reading the translations,

experiencing in her own way the jolting beauty of
Espanca's art. The poet herself says it most artfully:

> Book of my love of your love
> book of our love of our heart
> Open the pages slowly carefully
> as if they were petals of a flower
>
> Seeing that I can no longer compose
> any more beatifically sad any more perfect
> don't pick the lilies of which it is made
> Because I have no others in my garden of pain
>
> Book of no one else mine alone yours alone
> with a smile you say as I do
> just our poems but how beautiful they are
>
> Ah my love so many many people
> will say closing the book softly
> Poems ours alone just we two
>
> —"O Nosso Livro"
> *Livro de Sóror Saudade*

Espanca's life is essential for understanding the tone of
her poems, which are marked by personal and existential
anguish. She was born in the Alentejo on December 8,
1894, the illegitimate daughter of an unremarkable father
and a housemaid. Espanca and her brother were adopted
by the family for whom the siblings' mother worked.

Although Espanca's first book, *Livro de Mágoas* (1919), is dedicated to her father, as well as to her only brother Apeles, her father did not legally acknowledge paternity until twenty years after her death.

Espanca's first marriage, at 19, ended in divorce in 1921. *Livro de Sóror Saudade* was published in 1923. While writing the sonnets included in *Charneca em Flor* (1931), she underwent a second divorce followed by the death of Apeles in 1927 after a possibly suicidal plunge in a solo airplane into the Tagus River. Espanca made two suicide attempts in the year *Charneca* was written. Her death may have resulted from an overdose and/or pulmonary edema. She produced four books of sonnets in her short and troubled life, dying at 36.

Florbela Espanca's distinctly feminine symbology was recognized in the 1940s by the Portuguese poet and critic, Jorge de Sena. This symbology in part accounts for the scant recognition that Espanca received during her lifetime as a figure in Portuguese letters. As de Sena recognized, Espanca's poetry was alien to the influential Presença aesthetic. The silencing of her voice was a phenomenon of patriarchy, and her work was ignored by prevailing contemporary critics. Later critics describe her—and her work, perhaps—as "narcissistic," sexually insatiable, probably crazy, and certainly incestuous. This selection of her poetry posits Espanca as a forerunner of modernism in Portuguese letters. Some of her sonnets have become Fado classics, attaining by demand and acclaim the status of universal poet that her contemporaries denied her.

The sonnets selected include works from each of Florbela Espanca's best-known books: *Livro de Mágoas (Book of Sorrows)*, *Livro de Sóror Saudade (Book of Sister Sorrow)*, *Charneca em Flor (Desert in Flower)*, and *Reliquiae*. All originals are from Volume II of editor Rui Guedes's *Obras Completes de Florbela Espanca* (Lisbon: Dom Quixote, 1985). As a scholarly source, Guedes's book is well-researched and intended partly to remain faithful to manuscript versions of Espanca's poems, which had later been changed by various editors. My purpose is to make the poems accessible to modern English readers. In most instances, I have kept Florbelian conventions in an effort to achieve faithfulness to her original. Where I have been least faithful is in punctuation, omitting many of the exclamation points and ellipses characteristic of Espanca's work. In one or two poems, I have eliminated most punctuation altogether, opting for two spaces in place of a pause, as in the introductory poem, "O Nosso Livro" ("Our Book"). This is a minimalist approach that takes considerable liberty with Espanca's generous ellipses, dashes, commas, and exclamation points, and reflects a personal approach. Likewise, in many cases I have changed syntax where she inverted it for the sake of rhyme. The translations achieve slant rhyme in lucky cases and internal rhyme, but do not approach the systematic end rhyme of Espanca's sonnets.

The frequent use of the word "saudade" presents another set of choices. The word is widely believed to be untranslatable. An approximate rendition is "a deep melancholy caused by the absence of a loved person, place, or thing." In the phrase "Sóror Saudade," I use the generic and perhaps blunt term "Sister Sorrow," for the sake of euphony. In many places, such as in the poem "Este Livro" ("This Book"), I chose the word "yearning," as in "book of shadows, mists, and yearning." A variation of this is "longing." While Espanca usually capitalizes "Saudade" or "Saudades," I have not capitalized my translations of the word. On the other hand, the sonnet form has been maintained, having proved to be, time and again, an evocative and beautiful vessel for her voice in English.

Billie J. Maciunas

Livro de Mágoas

Livro de Mágoas was published in June 1919 when Florbela Espanca was 25 years old. One of the epigraphs to her first book references the Symbolist poet Paul Verlaine and the nightingale as a symbol of the poet.

Este Livro…

Este livro é de mágoas. Desgraçados
Que no mundo passais, chorai ao lê-lo!
Somente a vossa dor de Torturados
Pode, talvez, senti-lo… e compreendê-lo…

Este livro é para vós. Abençoados
Os que o sentirem, sem ser bom nem belo!
Bíblia de tristes… Ó Desventurados,
Que a vossa imensa dor se acalme ao vê-lo!

Livro de Mágoas… Dores… Ansiedades!
Livro de Sombras… Névoas… e Saudades!
Vai pelo mundo… (Trouxe-o no meu seio…)

Irmãos na Dor, os olhos rasos de água,
Chorai comigo a minha imensa mágoa,
Lendo o meu livro só de mágoas cheio!…

This Book

This is a book of sorrows. Disgraced
who pass by in the world, cry when you read it!
Only your tortured pain
can, perhaps, feel and understand it.

This book is for you. Blessed are
those who feel without being good or beautiful!
Book of sorrows...O losers,
let your pain be calmed when you see it!

Book of grief, pain, worries,
book of shadows, mists, and yearning,
go through the world (I carried it in my bosom).

Brothers in pain, eyes overflowing,
weep with me my great sorrow,
reading my book so full of sorrow...

Castelá

Altiva e couraçada de desdém,
Vivo sozinha em meu castelo, a Dor…
Debruço-me às ameias ao sol-pôr
E ponho-me a cismar não sei em quem!

Castelá da Tristeza, vês alguém?!…
—E o meu olhar é interrogador—
E rio e choro! É sempre o mesmo horror
E nunca, nunca vi passar ninguém!

Castelá da Tristeza, porque choras,
Lendo toda de branco um livro de horas,
À sombra rendilhada dos vitrais?…

Castelá da Tristeza, é bem verdade,
Que a tragédia infinita é a Saudade!
Que a tragédia infinita é Nunca Mais!!

Chatelaine

Haughty and hard from contempt,
I live alone in my castle.
I lean to the battlements at sunset
And brood on I don't know whom.

Chatelaine of Sorrow, do you see anyone?
—And my look is interrogator—
And I laugh and cry. It's always the same horror,
and I have never seen anyone pass by.

Chatelaine of Sorrow why do you weep,
reading a book of hours, all in white
in the lacy shadow of stained glass?

Chatelaine of Sorrow, it is really true,
that tragedy is infinite longing,
that tragedy is infinite *Never Again*!

Tortura

Tirar dentro do peito a Emoção,
A lúcida Verdade, o Sentimento!
—E ser, depois de vir do coração,
Um punhado de cinza esparso ao vento!...

Sonhar um verso de alto pensamento,
E puro como um ritmo de oração
—E ser, depois de vir do coração,
O pó, o nada, o sonho dum momento!...

São assim ocos, rudes, os meus versos:
Rimas perdidas, vendavais dispersos,
Com que eu iludo os outros, com que minto!

Quem me dera encontrar o verso puro,
O verso altivo e forte, estranho e duro,
Que dissesse, a chorar, isto que sinto!!

Torture

To draw from myself the Emotion,
The lucid Truth, the Feeling!
—And it be, after coming from the heart,
A handful of ashes scattered to the wind!...

To dream a line of high thought,
pure as the rhythm of the heart,
—And it be, after coming from the heart,
dust, nothingness, the dream of a moment!...

My lines are hollow, crude like this,
lost rhymes, scattered winds
with which I delude others, with which I lie!

What I would give to find pure lines,
proud and strong, strange and hard
that would say, crying, what I feel!

Lágrimas Ocultas

Se me ponho a cismar em outras eras
Em que ri e cantei, em que era q'rida,
Parece-me que foi noutras esferas,
Parece-me que foi numa outra vida...

E a minha triste boca dolorida
Que dantes tinha o rir das Primaveras,
Esbate as linhas graves e severas
E cai num abandono de esquecida!

E fico, pensativa, olhando o vago...
Toma a brandura plácida dum lago
O meu rosto de monja de marfim...

E as lágrimas que choro, branca e calma,
Ninguém as vê brotar dentro da alma!
Ninguém as vê cair dentro de mim!

Hidden Tears

If I start to brood on another time
when I laughed and sang, when I was loved,
It seems to me that it was in other spheres,
It seems to me it was in another life…

And my sad mouth, pained,
that once held the laughter of springtime,
blurs the grave and severe lines,
and falls in the abandon of forgetfulness.

And, thoughtful, I view the vacancy…
my face of an ivory nun
takes on the placid calmness of a lake.

And the tears I cry, white and calm,
No one sees burst inside my soul!
No one sees fall inside me.

Torre de Névoa

Subi ao alto, à minha Torre esguia,
Feita de fumo, névoas e luar,
E pus-me, comovida, a conversar
Com os poetas mortos, todo o dia.

Contei-lhes os meus sonhos, a alegria
Dos versos que são meus, do meu sonhar,
E todos os poetas, a chorar,
Responderam-me então: "Que fantasia,

Criança doida e crente! Nós também
Tivemos ilusões, como ninguém,
E tudo nos fugiu, tudo morreu!..."

Calaram-se os poetas, tristemente...
E é desde então que eu choro amargamente
Na minha Torre esguia junto ao Céu!...

Tower of Mist

I climbed to the top, to my slender tower
made of smoke, mist, and moonlight.
And I began talking, moved,
with dead poets, all day.

I told them my dreams, the joy
in the verses that are mine, in my dream.
And all the poets, crying,
said to me: "What fantasy,

crazy child and believer! We also
had illusions, like anyone,
and everything fled from us, it all died…"

The poets were silent, sadly…
And it is since then that I weep bitterly
in my slender tower next to heaven.

A Minha Dor
   A Você

A minha Dor é um convento ideal
Cheio de claustros, sombras, arcarias,
Aonde a pedra em convulsões sombrias
Tem linhas dum requinte escultural.

Os sinos têm dobres de agonias
Ao gemer, comovidos, o seu mal...
E todos têm sons de funeral
Ao bater horas, no correr dos dias...

A minha Dor é um convento. Há lírios
Dum roxo macerado de martírios,
Tão belos como nunca os viu alguém!

Nesse triste convento aonde eu moro,
Noites e dias rezo e grito e choro!
E ninguém ouve... ninguém vê... ninguém...

My Pain
  To You

My pain is an imaginary convent
full of cloisters, shadows, arches,
where the stone's shadowy convulsions
have fine sculpted lines.

The bells knell agony,
overcome, moaning their malady.
They all sound funereal,
beating time through the days.

My pain is a convent. There are lilies
crushed purple by suffering,
more beautiful than anyone has ever seen.

And in this sad convent where I live,
night and day I pray and scream and weep.
And no one hears…no one sees…no one…

As Minhas Ilusões

Hora sagrada dum entardecer
De Outono, à beira mar, cor de safira.
Soa no ar uma invisível lira…
O sol é um doente a enlanguescer…

A vaga estende os braços a suster,
Numa dor de revolta cheia de ira
A doirada cabeça que delira
Num último suspiro, a estremecer!

O sol morreu…e veste luto o mar…
E eu vejo a urna de oiro, a balouçar,
À flor das ondas, num lençol de espuma!

As minhas Ilusões, doce tesoiro,
Também as vi levar em urna de oiro,
No mar da Vida, assim… uma por uma…

My Illusions

Dusk on an Autumn afternoon
On the shore of a sapphire sea.
An invisible lyre plays in the air,
The languishing sun is sickly.

The waves lift their arms to sustain him,
Venting their full anger in pain.
The golden head babbles
one last dying breath!

The sun dies and the sea is dressed with mourning,
and I see a golden urn swinging
at the crest of the waves in a tissue of foam!

My illusions, sweet treasure,
I see them too carried away in a golden urn
In the Sea of Life... one by one...

A Flor do Sonho

A Flor do Sonho, alvíssima, divina
Miraculosamente abriu em mim,
Como se uma magnólia de cetim
Fosse florir num muro todo em ruína.

Pende em meu seio a haste branda e fina.
E não posso entender como é que, enfim,
Essa tão rara flor abriu assim!...
Milagre... fantasia... ou talvez, sina...

Ó Flor que em mim nasceste sem abrolhos,
Que tem que sejam tristes os meus olhos
Se eles são tristes pelo amor de ti?!...

Desde que em mim nasceste em noite calma,
Voou ao longe a asa da minh'alma
E nunca, nunca mais eu me entendi...

The Dream Flower

The Dream Flower pure white, divine
miraculously opened in me
like a satin magnolia
flowering on a crumbled wall.

The soft thin stem hangs upon my breast.
And I cannot understand how, finally,
this rare flower opened like this.
Miracle... fantasy... or perhaps fate...

O Flower born in me without thorns,
what could make my eyes sadder
than love of you?

When you bloomed in the quiet night,
my soul's wing flew away
and I never again understood myself...

Noite de Saudade

A Noite vem poisando devagar
Sobre a terra, que inunda de amargura…
E nem sequer a bênção do luar
A quis tornar divinamente pura…

Ninguém vem atrás dela a acompanhar
A sua dor que é cheia de tortura…
E eu oiço a Noite imensa soluçar!
E eu oiço soluçar a Noite escura!

Porque és assim tão escura, assim tão triste?!
É que, talvez, ó Noite, em ti existe
Uma Saudade igual à que eu contenho!

Saudade que eu sei donde me vem…
Talvez de ti, ó Noite!… Ou de ninguém!…
Que eu nunca sei quem sou, nem o que tenho!!

Night of Yearning

The Night comes slowly hovering
over land overflowing with bitterness
and not even the blessing of moonlight
wanted to render her divinely pure...

Nobody follows her to accompany
her pain, full of torture.
And I hear the immense Night sobbing.
And I hear sobbing the dark Night.

Why are you so dark, so sad?
Is it that, perhaps, O Night, your yearning
is equal to mine?

Yearning that comes from I don't know where...
perhaps you, O Night!... Or no one!...
For I never know who I am or what is wrong with me.

Alma Perdida

Toda esta noite o rouxinol chorou,
Gemeu, rezou, gritou perdidamente!
Alma de rouxinol, alma da gente,
Tu és, talvez, alguém que se finou!

Tu és, talvez, um sonho que passou,
Que se fundiu na Dor, suavemente...
Talvez sejas a alma, alma doente
Dalguém que quis amar e nunca amou!

Toda a noite choraste... e eu chorei
Talvez porque, ao ouvir-te, adivinhei
Que ninguém é mais triste do que nós!

Contaste tanta coisa à noite calma,
Que eu pensei que tu eras a minh'alma
Que chorasse predida em tua voz!...

Lost Soul

All night the nightingale cried,
moaned, implored, wailed forlornly!
Soul of the nightingale, human soul,
maybe you are someone who left,

maybe you are a dream that gently
passed by, mingled with pain,
maybe you are the twisted soul
of someone who wished to love and never did!

All night you cried, and I cried,
maybe because when I heard you I knew
that no one is sadder than we!

You told the quiet night so much
that I thought you were my soul crying,
lost in your voice.

Mais Triste

É triste, diz a gente, a vastidão
Do Mar imenso! E aquela voz fatal
Com que ele fala, agita o nosso mal!...
E a Noite é triste como a Extrema-Unção

É triste e dilacera o coração
Um poente do nosso Portugal!
E não vêem que eu sou... eu... afinal.
A coisa mais magoada das que o são!

Poentes de agonia tenho-os eu
Dentro de mim, e tudo quanto é meu
É um triste poente d'amargura!

E a vastidão do Mar, toda essa água
Trago-a dentro de mim num Mar de Mágoa!
E a Noite sou eu própria, a Noite escura!

Sadder

It is sad people say the vastness
of the immense sea and that fatal voice
with which it speaks stirs our unease
and the Night is sad as Extreme Unction

It is sad and cuts to the heart
one of our Portuguese sunsets
and no one sees that I am... I... in the end
the most desolate of all desolate things

Inside me are sunsets of agony
and all I am is
a sunset of pain

And the sea's vastness all this water
is a sea of sorrow inside me
and I myself am the Night the dark Night

Languidez

Tardes da minha terra, doce encanto,
Tardes duma pureza de açucenas,
Tardes de sonho, as tardes de novenas,
Tardes de Portugal, as tardes de Anto,

Come eu vos quero e amo! Tanto! Tanto!...
Horas benditas, leves como penas,
Horas de fumo e cinza, horas serenas,
Minhas horas de dor em que eu sou santo!

Fecho as pálpebras, roxas, quase pretas,
Que poisam sobre duas violetas,
Asas leves cansadas de voar...

E a minha boca tem uns beijos mudos...
E as minhas mãos, uns pálidos veludos,
Traçam gestos de sonho pelo ar...

Languor

Afternoons of my homeland, sweet charm,
afternoons as pure as lilies,
afternoons of dreams, of novenas,
afternoons of Portugal, of "Anto."[4]

How I long for you! So much! So much!
Blessed hours, weightless as feathers,
hours of smoke and ash, serene hours,
my hours of pain in which I am a saint!

Close my purple lids, almost black,
upon two violets,
slight wings tired of flying...

And my mouth of mute kisses
and my hands, pale velvets
trace shapes of dreams in air...

---

4   Poet António Nobre was a contemporary of Espanca's and influenced her as a modernist.

Livro de Sóror Saudade

Livro de Sóror Saudade, 1923, was dedicated to the Symbolist poet Maurice Maeterlinck.

Sóror Saudade

Irmã, Sóror Saudade me chamaste...
E na minh'alma o nome iluminou-se
Como um vitral ao sol, como se fosse
A luz do próprio sonho que sonhaste.

Numa tarde de Outono o murmuraste,
Toda a mágoa do Outono ele me trouxe,
Jamais me hão de chamar outro mais doce.
Com ele bem mais triste me tornaste...

E baixinho, na alma da minh'alma,
Como bênção de sol que afaga e acalma,
Nas horas más de febre e de ansiedade.

Como se fossem pétalas caindo
Digo as palavras desse nome lindo
Que tu me deste: "Irmã, Sóror Saudade..."

Sister Sorrow

Sister, Sister Sorrow you called me.
And in my soul the name was illuminated
like a stained glass in the sun, as if
it were the light of the very dream you dreamed.

One autumn afternoon you murmured it,
it brought me all the autumn hurt.
No one must ever call me another sweeter;
you made me much sadder with it.

And quietly, in the soul of my soul,
like the blessing of sun that strokes and soothes
in bad times of fever and anxiety,

as if they were falling petals,
I say the words of that beautiful name
you gave me, "sister, Sister Sorrow…"

O Que Tu És...

És Aquela que tudo te entristece
Irrita e amargura, tudo humilha;
Aquela a quem a Mágoa chamou filha;
A que aos homens e a Deus nada merece.

Aquela que o sol clara entenebrece
A que nem sabe a estrada que ora trilha,
Que nem um lindo amor de maravilha
Sequer deslumbra, e ilumina e aquece!

Mar-Morto sem marés nem ondas largas,
A rastejar no chão como as mendigas,
Todo feito de lágrimas amargas!

És ano que não teve Primavera...
Ah! Não seres como as outras raparigas
Ó Princesa Encantada da Quimera!...

What You Are

You are That which everything saddens,
irritates, embitters, and humiliates,
that which Grief called her daughter;
she who merits nothing from men and God.

That which obscures the bright sun;
she who doesn't know the street she yet treads,
who not even a beautiful love
amazes, enlightens, and warms.

Dead sea with no tides or rolling waves,
crawling along the ocean floor like the beggars,
all made of bitter tears

You are a year that has no Spring.
Ah! You are not like other girls,
O Enchanted Princess of Chimeras!

Alentejano
  À Buja

Deu agora meio-dia, o sol é quente
Beijando a urze triste dos outeiros.
Nas ravinas do monte andam ceifeiros,
Na faina, alegres, desde o sol nascente.

Cantam as raparigas meigamente.
Brilham os olhos negros, feiticeiros.
E há perfis delicados e trigueiros
Entre as altas espigas d'oiro ardente.

A terra prende aos dedos sensuais
A cabeleira loira dos trigais
Sob a bênção dulcíssima dos céus.

Há gritos arrastados de cantigas...
E eu sou uma daquelas raparigas...
E tu passas e dizes: "Salve-os Deus!"

The Man from the Alentejo
  To Buja

It's just noon, the sun is hot,
kissing the withered heather on the hills.
In the mountain ravines the reapers are
at their chores, content, since dawn.

The girls sing softly.
Their black eyes flash, bewitchers.
And there are delicate brown silhouettes
Among the tall shafts of burning gold.

The ground takes the wheat field's golden hair
in its sensual fingers
with heaven's tender blessing.

There are the long wails of love ballads…
And I am one of those girls…
And you walk past and say: "God save them!"

Que Importa?

Eu era a desdenhosa, a indif'rente.
Nunca sentira em mim o coração
Bater em violências de paixão
Como bate no peito à outra gente.

Agora, olhas-me tu altivamente,
Sem sombra de Desejo ou de emoção,
Enquanto a asa loira da ilusão
Dentro em mim se desdobra a um sol nascente.

Minh'alma, a pedra, transformou-se em fonte;
Como nascida em carinhoso monte
Toda ela é riso, e é frescura, e graça!

Nela refresca a boca um só instante…
Que importa?…Se o cansado viandante
Bebe em todas as fontes…quando passa?…

What Does It Matter?

I was disdainful, indifferent.
I never felt my heart
beat in the violence of passion
like it beats in others' chests.

Now, you look at me haughtily,
without a shadow of desire or emotion,
while the white wing of illusion
inside me opens to a rising sun.

My soul, stone, became a fountain,
as if born in a sweet mountain,
all laughter and coolness and grace!

My mouth is refreshed for a moment only.
What does it matter that the weary wayfarer
drinks from every fountain…when she passes?

Fumo

Longe de ti são ermos os caminhos,
Longe de ti não há luar nem rosas;
Longe de ti há noites silenciosas,
Há dias sem calor, beirais sem ninhos!

Meus olhos são dois velhos pobrezinhos
Perdidos pelas noites invernosas...
Abertos, sonham mãos cariciosas,
Tuas mãos doces plenas de carinhos!

Os dias são Outonos: choram... choram...
Há crisântemos roxos que descoram...
Há murmúrios dolentes de segredos...

Invoco o nosso sonho! Estendo os braços!
E ele é, ó meu Amor, pelos espaços,
Fumo leve que foge entre os meus dedos!...

Smoke

Far from you the paths are desolate,
Far from you, no moonlight or roses;
Far from you, silent nights,
Days without warmth, eaves with no nests!

My eyes are two poor old souls
lost in the wintry nights.
They dream of loving hands, open,
your sweet hands full of caresses!

The days are autumns: they cry… they cry…
There are fading purple chrysanthemums,
There are doleful murmurs of secrets…

I invoke our dream; I raise my arms…
and it is, o my love, through the spaces,
light smoke that escapes between my fingers.

O Meu Orgulho

Lembro-me o que fui dantes. Quem me dera
Não me lembrar! Em tardes dolorosas
Lembro-me que fui a Primavera
Que em muros velhos faz nascer as rosas!

As minhas mãos outrora carinhosas
Pairavam como pombas... Quem soubera
Porque tudo passou e foi quimera,
E porque os muros velhos não dão rosas!

O que eu mais amo é que mais me esquece...
E eu sonho: "Que olvida não merece..."
E já não fico tão abandonada!

Sinto que valho mais, mais pobrezinha:
Que também é orgulho ser sozinha,
E também é nobreza não ter nada!

My Pride

I remember how I once was.
What I'd give to forget! On sad afternoons
I remember that I was the Spring
that made roses bloom on old walls.

My hands, so tender long ago,
fluttered like doves. Who knew
everything was passing and an illusion,
because old walls don't bear roses!

Those I love most forget me most…
but I tell myself, "Those who forget aren't worthy."
And then I'm not so abandoned!

I think I am worth more, being poor:
There is also pride in being alone,
And it is also noble to have nothing!

Os Versos que Te Fiz

Deixa dizer-te os lindos versos raros
Que a minha boca tem pra te dizer!
São talhados em mármore de Paros
Cinzelados por mim pra te oferecer.

Têm dolências de Veludos caros,
São como sedas brancas a arder…
Deixa dizer-te os Lindos versos raros
Que foram feitos pra te endoidecer!

Mas, meu Amor, eu não tos digo ainda…
Que a boca da mulher é sempre linda
Se dentro guarda um verso que não diz!

Amo-te tanto! E nunca te beijei…
E, nesse beijo, Amor, que eu te não dei
Guardo os versos mais lindos que te fiz!

Lines I Wrote for You

Let me tell you the rare lovely lines
That my mouth has for you!
They are carved in marble from Paros
Sculpted by me to offer you.

They hold the sadness of dear-bought velvets,
They are like white silks aflame...
Let me tell you the rare lovely lines
That were made to derange you!

But, my Love, I will not say them yet...
For the mouth of woman is always lovely
If she keeps inside one line unsaid!

I love you so much! And I never kissed you...
And in this kiss, Love, that wasn't given
I keep the loveliest lines I've written!

Caravelas

Cheguei a meio da vida já cansada
De tanto caminhar! Já me perdi!
Dum estranho país que nunca vi
Sou neste mundo imenso a exilada.

Tanto tenho aprendido e não sei nada.
E as torres de marfim que construí
Em trágica loucura as destruí
Por minhas próprias mãos de malfadada!

Se eu sempre fui assim este Mar-Morto,
Mar sem marés, sem vagas e sem porto
Onde velas de sonhos se rasgaram!

Caravelas doiradas a bailar...
Ai, quem me dera as que eu deitei ao Mar!
As que eu lancei à vida, e não voltaram!...

Caravels

I arrived in the midst of life already tired
from so much walking. I was already lost!
In this huge world I'm an exile
from a strange country that I've never seen.

I've learned so much and know nothing.
And the ivory towers that I built
I destroyed in tragic madness
with my own doomed hands!

What if I've always been like this, Dead Sea,
sea without tides, without waves, and without a port,
where sails of dreams are torn apart!

Golden caravels dancing…
Oh, I wish I had those that I pitched to the sea!
Those that I launched in life and that never returned.

Prince Charmant
  A Raul Proença

No lânguido esmaecer das amarosas
Tardes que morrem voluptuosamente
Procurei-O no meio de toda a gente.
Procurei-O em horas silenciosas

Das noites da minh'alma tenebrosas!
Boca sangrando beijos, flor que sente...
Olhos postos num sonho, humildemente...
Mãos cheias de violetas e de rosas...

E nunca O encontrei!... Prince Charmant
Como audaz cavaleiro em velhas lendas
Virá, talvez, nas névoas da manhã!

Ah! Toda a nossa vida anda a quimera
Tecendo em frágeis dedos frágeis rendas...
—Nunca se encontra Aquele que se espera!...

Prince Charming
To Raul Proença

On languidly fading amorous afternoons
   that die voluptuously,
I looked for Him among the crowd.
I looked for Him in the silent hours
   of my soul's shadow-filled nights!

Mouth bleeding kisses, sentient flower,
eyes fixed on a dream, humbly,
hands full of violets and roses.

And I never found Him! Prince Charming.
Like the bold rider in old legends
he will come, perhaps, on the morning's clouds!

Ah! All our lives the chimera
weaves fragile laces in fragile fingers...
—Never do you find the One you await—

Anoitecer

A luz desmaia num fulgor d'aurora,
Diz-nos adeus religiosamente…
E eu, que não creio em nada, sou mais crente
Do que em menina, um dia, o fui… outrora…

Não sei o que em mim ri, o que em mim chora
Tenho bênçãos d'amor pra toda a gente!
Como eu sou pequenina e tão dolente
no amargo infinito desta hora!

Horas tristes que são o meu rosário…
Ó minha cruz de tão pesado lenho!
Meu áspero e intérmino Calvário!

E a esta hora tudo em mim revive:
Saudades de saudades que não tenho…
Sonhos que são os sonhos dos que eu tive…

Dusk

The light fades in a sunset glow
We say goodbye religiously…
And I, who don't believe in anything, believe more
than when I was a girl… long ago…

I don't know whether I'm laughing or crying
I bless everyone with love!
How small and sad I am
in the infinite grief of this hour!

Sad hours that are my rosary
my cross of such heavy wood…
my rough and endless Calvary!

And at this hour everything in me revives:
longings for longings I don't have…
Dreams that are dreams of those I had.

Nocturno

Amor! Anda o luar todo bondade,
Beijando a terra, a desfazer-se em luz...
Amor! São os pés brancos de Jesus
Que andam pisando as ruas da cidade!

E eu ponho-me a pensar... Quanta saudade
Das ilusões e risos que em ti pus!
Traçaste em mim os braços duma cruz,
Neles pregaste a minha mocidade!

Minh'alma, que eu te dei, chia de mágoas,
E nesta noite o nenúfar dum lago
'Stendendo as asas brancas sobre as águas!

Poisa as mãos nos meus olhos, com carinho,
Fecha-os num beijo dolorido e vago...
E deixa-me chorar devagarinho...

Nocturne

Love, the moon, all kindness,
is kissing the Earth, melting in light.
Love, it is Jesus's white feet
walking the city streets.

And it makes me think how I long
for the illusions and laughter I put in you!
You traced in me the arms of a cross,
On them you nailed my youth!

This soul I gave you, full of sorrow,
is tonight a lily on a lake
Spreading its white wings upon the water.

Put your hands upon my eyes, gently
Close them with a kiss, sorrowful and faint…
And let me cry, wearily…

Ruínas

Se é sempre Outono o rir das Primaveras,
Castelos, um a um, deixa-os cair...
Que a vida é um constante derruir
De palácios do Reino das Quimeras!

E deixa sobre as ruinas crescer heras,
Deixa-as beijar as pedras e florir!
Que a vida é um continuo destruir
De palácios do Reino das Quimeras!

Deixa tombar meus rútilos castelos!
Tenho ainda mais sonhos para erguê-los
Mais alto do que as águias pelo ar!

Sonhos que tombam! Derrocada louca!
São como os beijos duma linda boca!
Sonhos!... Deixa-os tombar... Deixa-os tombar.

Ruins

If life is always Fall laughing at Spring,
let castles fall, one by one,
for life is a constant demolition
of palaces in the Kingdom of Illusions.

And let ivy grow over the ruins.
Let its flowers kiss the stones,
for life is a continuous destruction
of palaces in the Kingdom of Illusions.

Let my rusted castles fall.
I have still more dreams to raise them
higher than the eagles in the sky!

Toppled dreams. Broken-down lunatic.
Dreams are like kisses from a beautiful mouth.
Let them fall… let them fall.

Ódio?
À Aurora Aboim

Ódio for Ele? Não... Se o amei tanto,
Se tanto bem lhe quis no meu passado,
Se o encontrei depois de o ter sonhado,
Se à vida assim roubei todo o encanto,

Que importa se mentiu? E se hoje o pranto
Turva o meu triste olhar, marmorizado,
Olhar de monja, trágico, gelado
Como um soturno e enorme Campo Santo!

Nunca mais o amar já é bastante!
Quero senti-lo doutra, bem distante,
Como se fora meu, calma e serena!

Ódio seria em mim saudade infinda,
Mágoa de o ter perdido, amor ainda!
Ódio por Ele? Não... não vale a pena...

Hatred?

To Aurora Aboim

Hatred for Him? No... If I so loved him,
If I wished him such fortune in the past,
If I found him after having dreamed him,
If I thus stripped life of all enchantment,

What does it matter if he lied? And if today
tears cloud my sad marble gaze,
The gaze of a nun, tragic, immobile
as an enormous doleful graveyard!

Never again to love is enough!
I want to know him as someone else, distant,
As if he were mine, calm and serene!

Hatred would be endless longing,
Bitterness at having lost him, still loved!
Hatred for Him? No... it's not worth the trouble...

Horas Rubras

Horas profundas, lentas e caladas
Feitas de beijos rubros e ardentes,
De noites de volúpia, noites quentes
Onde há risos de virgens desmaiadas...

Oiço olaias em flor às gargalhadas...
Tombam astros em fogo, astros dementes,
E do luar os beijos languescentes
São pedaços de prata p'las estradas...

Os meus lábios são branco como lagos...
Os meus braços são leves como afagos,
Vestiu-os o luar de sedas puras...

Sou chama e neve e branca e mist'riosa...
E sou, talvez, na noite voluptuosa,
Ó meu Poeta, o beijo que procuras!

Crimson Hours

Deep, slow, and silent hours
made of crimson and ardent kisses,
of voluptuous nights, warm nights,
there is the faint laughter of virgins...

I hear redbuds bloom with laughter...
Stars on fire tumble, demented stars,
and languid kisses from the moon
are pieces of silver on the streets...

My lips are white as lakes...
My arms are light as caresses,
the moon dressed them in pure silks...

I am flame and snow and white and mysterious...
And I am, perhaps, in the voluptuous night,
O my Poet, the kiss that you seek!

Charneca em Flor

Charneca em Flor was published in 1931
and is Espanca's best-known book.

Charneca em Flor

Enche o meu peito, num encanto mago,
O frémito das coisas dolorosas...
Sob as urzes queimadas nascem rosas...
Nos meus olhos as lágrimas apago...

Anseio! Asas abertas! O que trago
Em mim? Eu oiço bocas silenciosas
Murmurar-me as palavras misteriosas
Que perturbam meu ser como um afago!

E, nesta febre ansiosa que me invade,
Dispo a minha mortalha, o meu burel,
E, já não sou, Amor, Sóror Saudade...

Olhos a arder em êxtases de amor,
Boca a saber a sol, a fruto, a mel:
Sou a charneca rude a abrir em flor!

Desert in Flower

My heart has outgrown in a magical enchantment,
the clamor of painful things.
Beneath the burnt heather are newborn roses;
I've put an end to my tears.

Yearning... arms open! What's happening
to me? I hear silent mouths
murmuring unknown words
that stir me like a caress.

And in this impatient fever invading me,
I throw off my shroud, my habit.
And I'm no longer Sister Sorrow, love.

Eyes burning in ecstasies of love,
mouth tasting of sun, fruit, honey:
I am the wild plain opening in flower!

Versos de Orgulho

O mundo quer-me mal porque ninguém
Tem asas como eu tenho! Porque Deus
Me fez nascer Princesa entre plebeus
Numa torre de orgulho e de desdém!

Porque o meu Reino fica para Além!
Porque trago no olhar os vastos céus,
E os oiros e os clarões são todos meus!
Porque Eu sou Eu e porque Eu so Alguém!

O mundo! O que é o mundo, ó meu amor?!
O jardim dos meus versos todo em flor,
A seara dos teus beijos, pão bendito,

Meus êxtases, meus sonhos, meus cansaços...
São os teus braços dentro dos meus braços:
Via Láctea fechando o Infinito!...

Prideful Lines

The world wishes me harm because no one
has wings like mine! Because God
made me a Princess among commoners
in a tower of pride and scorn.

Because my kingdom is beyond!
Because I carry in my glance the vast skies,
and the gold and flash are all mine!
Because I am I and because I am Someone.

The world. What is the world, O my love?
The harvest of your kisses, blessed bread,
the garden of my verses all in bloom,

my ecstasies, my dreams, my weariness.
It is your arms within my arms:
Milky Way enclosing Infinity…

A Um Moribundo

Não tenhas medo, não! Tranquilamente,
como adormece a noite pelo Outono,
Fecha os teus olhos, simples, docemente,
Como, à tarde, uma pomba que tem sono...

A cabeça reclina levemente
E os braços deixa-os ir ao abandono,
como tombam, arfando, ao sol poente,
As asas de uma pomba que tem sono...

O que há depois? Depois?... O azul dos céus?
Um outro mundo? O eterno nada? Deus?
Um abismo? Um castigo? Uma guarida?

Que importa? Que te importa, ó moribundo?
—Seja o que for, será melhor que o mundo!
Tudo será melhor do que esta vida!...

To One Dying

Do not be afraid, no! Quietly,
as night falls asleep in the autumn,
close your eyes, simply, sweetly
like a sleepy dove in the afternoon...

The head reclines slightly
and the arms are left to abandonment
as they fall, laboring toward the setting sun,
the wings of a sleepy dove...

What's next? An after?... The blue of the skies?
Another world? The eternal nothing? God?
An abyss? Punishment? Shelter?

What does it matter? What does it matter to you,
    o dying?
—Whatever it is, it will be better than the world!
Everything will be better than this life!...

Eu

Até agora eu não me conhecia,
Julgava que era Eu e eu não era
Aquela que em meus versos descrevera
Tão clara como a fonte e como o dia.

Mas que eu não era Eu não o sabia
E, mesmo que o soubesse, o não dissera...
Olhos fitos em rútila quimera
Andava atrás de mim...e não me via!

Andava a procurar-me—pobre louca!—
E achei o meu olhar no teu olhar,
E a minha boca sobre a tua boca!

E esta ânsia de viver, que nada acalma,
É a chama da tua alma a esbrasear
As apagadas cinzas de minha alma!

I

Until now I didn't know myself,
I thought I was *I* and not
She who in my poems wrote
as clear as a fountain and clearly as day.

But I didn't know that I wasn't *I*
and even knowing, wouldn't say...
Eyes fixed on rusty illusions
I walked behind myself...and didn't see!

I was looking for myself — poor fool!
And found my eyes in your eyes,
And my mouth on your mouth!

And this anguish that nothing calms,
is the fire of your soul burning
the dead ashes of mine!

Noitinha

A noite sobre nós se debruçou...
Minha alma ajoelha, põe as mãos e ora!
O luar, pelas colinas, nesta hora,
É água dum gomil que se entornou...

Não sei quem tanta pérola espalhou!
Murmura alguém pelas quebradas fora...
Flores do campo, humildes, mesmo agora,
A noite, os olhos brandos lhes fechou...

Fumo beijando o colmo dos casais...
Serenidade idílica de fontes,
E a voz dos rouxinóis nos salgueirais...

Tranquilidade... calma... anoitecer...
Num êxtase, eu escuto pelos montes
O coração das pedras a bater...

Evening

The night leaned in on us...
My soul kneels, folds its hands and prays!
The moonlight, through the hills, at this hour,
Is water spilled from a jar...

I don't know who spread so many pearls!
Someone murmurs on the slopes outside...
Wildflowers, humble, just now
the night closed their gentle eyes...

Smoke kissing couples' thatches...
Idyllic serenity of fountains
And the voice of the nightingales in the willows...

Tranquility...calm...dusk...
In ecstasy, I listen to the hills
The beating heart of the stones...

Outonal

Caem as folhas mortas sobre o lago;
Na penumbra outonal, não sei quem tece
As rendas do silêncio…Olha, anoitece!
—Brumas longínquas do País do Vago…

Veludos a ondear… Mistério mago…
Encantamento… A hora que não esquece,
A luz que a pouco e pouco desfalece,
Que lança em mim a bênção dum afago…

Outono dos crepúsculos doirados,
De púrpuras, damascos e brocados!
—Vestes a terra inteira de esplendor!

Outono das tardinhas silenciosas,
Das magníficas noites voluptuosas
Em que eu soluço a delirar de amor…

Autumnal

The dead leaves fall upon the lake.
I don't know who weaves
laces of silence in the autumn shadows.
Look…it's growing dark.

Far away mists from dreamland,
rippling velvets, mystery, enchantment,
unforgettable hour. Light that fades
slowly, blessing me with a caress.

Autumn of golden decay,
of crimsons, damasks, and brocades,
you dress the whole earth in splendor.

Autumn of silent dusks,
of lovely voluptuous nights
in which I sob, delirious from love.

Ser Poeta

Ser Poeta é ser mais alto, é ser maior
Do que os homens! Morder como quem beija!
É ser mendigo e dar como quem seja
Rei do Reino de Aquém e de Além Dor!

É ter de mil desejos o esplendor
E não saber sequer que se deseja!
É ter cá dentro um astro que flameja,
É ter garras e asas de condor!

É ter fome, é ter sede de Infinito!
Por elmo, as manhãs de oiro e de cetim...
É condenser o mundo num só grito!

E é amar-te, assim, perdidamente...
É seres alma e sangue e vida em mim
E dizê-lo cantando a toda a gente!

To Be a Poet

To be a poet is to be higher, greater
than men, to bite as if it were a kiss,
to be a beggar and give as if
king of a realm far beyond pain!

It is to have the splendor of a thousand desires
and not even know you desire.
It is to have inside a comet that flames,
an eagle's claws and wings!

It is to be hungry and thirsty for the infinite,
For bravery, mornings of gold and satin...
it is to condense the world in a single scream.

And it is to love you in the same way, absolutely.
It is your soul and blood and life in me
and to say it to all, singing!

Amar!

Eu quero amar, amar perdidamente!
Amar só por amar: Aqui…além…
Mais Este e Aquele, o Outro e toda a gente…
Amar! Amar! E não amar ninguém!

Recordar? Esquecer? Indiferente!…
Prender ou desprender? É mal É bem?
Quem disser que se pode amar alguém
Durante a vida inteira é porque mente!

Há uma Primavera em cada vida:
É preciso cantá-la assim florida,
Pois se Deus nos deu voz, foi pra cantar!

E se um dia hei-de ser pó, cinza e nada
Que seja a minha noite uma alvorada,
Que me saiba perder…pra me encontrar…

To Love

I want to love, love with abandon!
To love for love's sake: Here... there...
This one and that one, the other... and everyone.
To love! To make love! And to love no one!

To remember? To Forget? Makes no difference.
To hold on or let go? Neither bad nor good.
But to say you can love one your entire life,
is a lie.

There is one Spring in each life:
you must sing it like Spring, floridly,
for if God gave us voice, it was to sing!

And if one day I must be dust, ashes, and nothing
let my night be a dawn,
let me know how to lose myself...to find myself...

In Memoriam
  Ao meu morto querido

Na cidade de Assis, "Il Poverello"
Santo, três vezes santo, andou pregando
Que o sol, a terra, a flor, o rocio brando,
Da pobreza o tristíssimo flagelo,

Tudo quanto há de vil, quanto há de belo,
Tudo era nosso irmão!—E assim sonhando,
Pelas estradas da Umbria foi forjando
Da cadeia do amor o maior elo!

"Olha o nosso irmão Sol, nossa irmã Água..."
Ah, Poverello! Em mim, essa lição
Perdeu-se como vela em mar de mágoa

Batida por furiosos vendavais!
—Eu fui na vida a irmã dum só Irmão,
E já não sou a irmã de ninguém mais!

In Memoriam
  To my dear dead brother

In the town of Assisi, "Il Poverello,"
holy, threefold holy, walked preaching
about the sun, the earth, the flower, the gentle dew,
from the sorrowful scourge of poverty.

As much evil as there is, there is that much good.
Everything is our brother!—And thus dreaming
along the roads of Umbria he was forging
the greatest link in the chain of love.

"Regard our brother Sun, our sister Water…"
Ah, Poverello! That lesson was lost
In me like a sail in the sea of sorrow

hit by furious gales!
—I was in life the sister of one Brother only
And now I am sister to no one!

Árvores do Alentejo
  Ao Prof. Guido Battelli

Horas mortas…Curvada aos pés do Monte
A planície é um brasido…e, torturadas,
As árvores sangrentas, revoltadas,
Gritam a Deus a bênção duma fonte!

E quando, manhã alta, o sol posponte
A oiro a giesta, a arder, pelas estradas,
Esfíngicas, recortam desgrenhadas
Os trágicos perfis no horizonte!

Árvores! Corações, almas que choram,
Almas iguais à minha, almas que imploram
Em vão remédio para tanta mágoa!

Árvores! Não choreis! Olhai e vede:
—Também ando a gritar, morta de sede,
Pedindo a Deus a minha gota de água!

Trees of Alentejo
  To Prof. Guido Battelli

In the dead of night, curved at the foot of the
    mountain,
the plain is a brazier, and tortured,
the bloodied, rebellious trees
cry out for God to give them a fountain.

And late morning, when the sun embroiders
golden the Spanish broom burning by the roads,
their tragic profiles are outlined against the horizon
like scruffy sphinxes.

Trees… hearts, souls that weep,
souls like mine that plead in vain
for relief from so much misery!

Trees… don't weep! Look here and see
—I too am crying out, dying of thirst,
begging God for my drop of water!

Minha Terra

A J. Emídio Amaro

Ó minha terra na planície rasa,
Branca de sol e cal e de luar,
Minha terra que nunca viu o mar
Onde tenho o meu pão e a minha casa...

Minha terra de tardes sem uma asa,
Sem um bater de folha... a dormitar...
meu anel de rubis a flamejar,
Minha terra mourisca a arder em brasa!

Minha terra onde meu irmão nasceu...
Aonde a mãe que eu tive e que morreu,
Foi moça e loira, amou e foi amada...

Truz... truz... truz... Eu não tenho onde me acoite,
Sou um pobre de longe, é quase noite...
Terra, quero dormir... dá-me pousada!

My Land
    To J. Emídio Amaro

O my land on the empty plain,
White from the sun and lime and the moon,
My land that never saw the sea
my daily bread and home...

My land of afternoons
without a breath of wing or leaf, asleep...
My ring of flaming rubies,
my Moorish land, a burning coal.

My land where my brother was born,
and where the mother I had and who died
was young and fair, loving and loved.

Knock... knock... knock: there is no place to rest,
I'm a poor wanderer. It's almost night...
Land, I want to sleep...give me peace!

A Uma Rapariga
  À Nice

Abre os olhos e encara a vida! A sina
Tem que cumprir-se! Alarga os horizontes!
Por sobre lamaçais alteia pontes
Com tuas mãos preciosas de menina.

Nessa estrada da vida que fascina
Caminha sempre em frente, além dos montes!
Morde os frutos a rir! Bebe nas fontes!
Beija aqueles que a sorte te destina!

Trata por tu a mais longínqua estrela,
Escava com as mãos a própria cova
E depois, a sorrir, deita-te nela!

Que as mãos da terra façam, com amor,
Da graça do teu corpo, esguia e nova,
Surgir à luz a haste duma flor!...

To a Young Girl
To Nice

Open your eyes and face life! Fate
must serve you! Overreach your bounds.
Build high bridges over sloughs,
with your precious girl's hands.

On this life's enticing path, walk on
beyond the mountains. Bite into fruits,
laughing! Drink from the fountains!
Kiss those to whom luck binds you.

Treat as friend the most distant star.
With your hands hollow your own grave
and then, smiling, lie down in it.

Let your earthy hands, lovingly,
from the grace of your willowy young body,
raise to the light the stem of a flower…

Teus Olhos

Olhos do meu Amor! Infantes loiros
Que trazem os meus presos, endoidados!
Neles deixei, um dia, os meus tesouros:
Meus anéis, minhas rendas, meus brocados.

Neles ficaram meus palácios moiros,
Meus carros de combate, destroçados,
Os meus diamantes, todos os meus oiros
Que trouxe d'Além-Mundos ignorados!

Olhos do meu Amor! Fontes…cisternas…
Enigmáticas campas medievais…
Jardins de Espanha…catedrais eternas…

Berço vindo do céu à minha porta…
Ó meu leito de núpcias irreais!…
Meu sumptuoso túmulo de morta!…

Your Eyes

My love's eyes! Golden infants
that hold mine prisoner, captivated!
I left my treasures in them one day:
My rings, my laces, my brocades.

In them, my Moorish castles stayed,
My armored vehicles, destroyed,
My diamonds, all the gold
That I brought from worlds unknown!

My love's eyes! Springs…reservoirs…
Cryptic medieval tombstones…
Primordial cathedrals…

Cradle come from heaven to my door.
Oh my bed of make-believe nuptials!
My sumptuous sepulcher…

I

Gosto de ti apaixonadamente,
De ti que és a vitória, a salvação,
De ti que me trouxeste pela mão
Até ao brilho desta chama quente.

A tua linda voz de água corrente
Ensinou-me a cantar...e essa canção
Foi ritmo nos meus versos de paixão,
Foi graça no meu peito de descrente.

Bordão a amparar minha cegueira,
Da noite negra o mágico farol,
Cravos rubros a arder numa fogueira!

E eu, que era neste mundo uma vencida,
Ergo a cabeça ao alto, encaro o sol!
—Águia real, apontas-me a subida!

I

I love you heart and soul,
you who are the victory, the salvation,
you who led me by the hand
to this incandescent flame.

Your beautiful voice like running water
taught me to sing and this song is the rhythm
in my passionate verse,
the grace in my unbeliever's heart.

Staff supporting me in blindness,
magical beacon in the black night,
wood blazing red in the hearth...

And I who in this world was defeated
lift my head high, boldly facing the sun!
—Loyal eagle, show me the heights.

II

Meu Amor, meu Amado, vê... repara:
Poisa os teus lindos olhos de oiro em mim,
—Dos meus beijos de amor Deus fez-me avara
Para nunca os contares até ao fim.

Meus olhos têm tons de pedra rara,
—E só para teu bem que os tenho assim—
E as minhas mãos são fontes de água clara
A cantar sobre a sede dum jardim.

Sou triste como a folha ao abandono
Num parque solitário, pelo Outono,
Sobre um lago onde vogam nenúfares...

Deus fez-me atravessar o teu caminho...
—Que contas dás a Deus indo sozinho,
Passando junto a mim, sem me encontrares?—

II

My love, my loved, look at me
with your beautiful gold eyes.
—God made me greedy for loving kisses,
for you never to count them til death.

My eyes are the color of rare stone,
—it is only for you they are thus—
and my hands are fonts of clear water
singing of a garden's thirst.

I am as sad as an abandoned leaf in fall
in a lonely park on a lake
where water lilies float.

God made my path cross yours.
What does God care, alone,
passing near me without seeing?

III

Frémito do meu corpo a procurar-te,
Febre das minhas mãos na tua pele
Que cheira a âmbar, a baunilha e a mel,
Doido anseio dos meus braços a abraçar-te,

Olhos buscando os teus por toda a parte,
Sede de beijos, amargor de fel,
Estonteante fome, áspera e cruel,
Que nada existe que a mitigue e a farte!

E vejo-te tão longe! Sinto a tua alma
Junto da minha, uma lagoa calma,
A dizer-me, a cantar que me não amas...

E o meu coração que tu não sentes,
Vai boiando ao acaso das correntes,
Esquife negro sobre um mar de chamas...

III

My body trembles seeking yours,
my hands are hot on your skin
smelling of amber, vanilla, and honey,
my crazed arms long to embrace you.

I search for your eyes everywhere,
thirsty for kisses, bitter,
overcome with hunger sharp and cruel,
because nothing satisfies it!

And I see you from afar. I feel your soul
near mine, a calm lake,
telling me that you don't love me.

And my heart, disregarded,
drifts on the currents,
a black skiff on a sea of flames.

IV

És tu! És tu! Sempre vieste, enfim!
Oiço de novo o riso dos teus passos!
És tu que eu vejo a estender-me os braços
Que Deus criou pra me abraçar a mim!

Tudo é divino e santo visto assim...
Foram-se os desalentos, os cansaços...
O mundo não é mundo: é um jardim!
Um céu aberto: longes, os espaços!

Prende-me toda, Amor, prende-me bem!
Que vés tu em redor? Não há ninguém!
A terra?—Um astro morto que flutua...

Tudo o que é chama a arder, tudo o que sente
Tudo o que é vida e vibra eternamente
É tu seres meu, Amor, e eu ser tua!

IV

It's you! It's you! You've come, finally!
I hear again the laughter in your steps!
It's you I see holding out your arms
created for me to hold you close!

Seeing this, everything is divine and holy.
The blues and weariness are gone
The world isn't the world: it's a garden,
an open sky: infinite space.

Touch me all over, Love, hold me tight!
What do you see around you? There's no one!
The earth?—a dimming star.

Everything that is a glowing flame, everything that
    you feel,
everything that is life and vibrates eternally
is your being mine, Love, and my being yours.

V

Dize-me, Amor, como te sou querida,
Conta-me a glória do teu sonho eleito,
Aninha-me a sorrir junto ao teu peito,
Arranca-me dos pântanos da vida.

Embriagada numa estranha lida,
Trago nas mãos o coração desfeito,
Mostra-me a luz, ensina-me o preceito
Que me salve e levante redimida!

Nesta negra cisterna em que me afundo,
Sem quimeras, sem crenças, sem ternura,
Agonia sem fé dum moribundo,

Grito o teu nome numa sede estranha,
Como se fosse, Amor, toda a frescura
Das cristalinas águas da montanha!

V

Tell me, Love, that I'm loved,
tell me the glory of your favorite dreams,
snuggle me smiling next to your heart,
pluck me from the swamps of life.

Drunk with a strange labor,
I bring my broken heart in my hands.
Show me the light, teach me the rule
to save and lift me redeemed!

In this black well in which I sink,
without illusions, without beliefs, without tenderness,
agony of a dying man without faith,

I scream your name in a strange thirst
as if it were, Love, all the coolness
of the mountain's crystal waters.

VI

Falo de ti às pedras das estradas,
E ao sol que é louro como o teu olhar,
Falo ao rio, que desdobra a faiscar,
Vestidos de Princesas e de Fadas;

Falo às gaivotas de asas desdobradas,
Lembrando lenços brancos a acenar,
E aos mastros que apunhalam o luar
Na solidão das noites consteladas;

Digo os anseios, os sonhos, os desejos
Donde a tua alma, tonta de vitória,
Levanta ao céu a torre dos meus beijos!

E os meus gritos de amor, cruzando o espaço,
Sobre os brocados fúlgidos da glória,
São astros que me tombam do regaço!

VI

I speak of you to the stones in the streets,
and to the sun as golden as your glance.
I speak to the river sparkling before my eyes,
dressed like princesses and courtesans.

I speak to the gulls unfolding their wings.
They remind me of white napkins on fire.
And to the masts that pierce the moon
in the solitude of the starry nights.

I tell you my worries, dreams, desires
from which your soul, flighty with conquest,
raises the tower of my kisses to the sky.

And my cries of love, crossing space
on resplendent brocades of glory
are stars that tumble around me.

VII

São mortos os que nunca acreditaram
Que esta vida é somente uma passagem,
Um atalho sombrio, uma paisagem
Onde os nossos sentidos se poisaram.

São mortos os que nunca alevantaram
Dentre escombros a Torre de Menagem
Dos seus sonhos de orgulho e de coragem,
E os que não riram e os que não choraram.

Que Deus faça de mim, quando eu morrer,
Quando eu partir para o País da Luz,
A sombra calma dum entardecer,

Tombando, em doces pregas de mortalha,
Sobre o teu corpo heroico, posto em cruz,
Na solidão dum campo de batalha!

VII

They are dead who never believed
that this life is just a passage,
a shady path, a journey
to where our senses have come to rest.

They are dead who never awoke
inside the ruins of a fortress tower,
from their dreams of pride and courage,
and those who didn't laugh
  and those who didn't cry.

Let God make of me, when I die,
when I leave for the City of Light,
the calm shade of a late afternoon,

tumbling, in sweet folds of shroud,
over your heroic body, shaped in a cross,
in the peace of a battle field!

VIII

Abrir os olhos, procurar a luz,
De coração erguido ao alto, em chama,
Que tudo neste mundo se reduz
A ver os astros cintilar na lama!

Amar o sol da glória e a voz da fama
Que em clamorosos gritos se traduz!
Com misericórdia, amar quem nos não ama,
E deixar que nos preguem numa cruz!

Sobre um sonho desfeito erguer a torre
Doutro sonho mais alto e, se esse morre,
Mais outro e outro ainda, toda a vida!

Que importa que nos vençam desenganos,
Se pudermos contar os nossos anos
Assim como degraus duma subida?

VIII

To open your eyes searching for the light,
lifted up from the heart to the heights in flame
so that everything in this world amounts to
seeing the stars reflected in the mud...

To love the heat of glory and the clamor of fame
translated in screams,
to love with compassion those who don't love us,
and let them nail us to a cross...

Over one demolished dream raise up the tower
of another, higher, and if this one dies,
yet another and another, all your life!

What does it matter that lies win in the end,
if we can count our years
as steps to the sublime?

IX

Perdi os meus fantásticos castelos
como névoa distante que se esfuma...
Quis vencer, quis lutar, quis defendê-los:
Quebrei as minhas lanças uma a uma!

Perdi minhas galeras entre os gelos
Que se afundaram sobre um mar de bruma...
—Tantos escholhos! Quem podia vê-los?—
Deitei-me ao mar e não salvei nenhuma!

Perdi a minha taça, o meu anel,
A minha cota de aço, o meu corcel,
Perdi meu elmo de oiro e pedrarias...

Sobem-me aos lábios súplicas estranhas...
Sobre o meu coração pesam montanhas...
Olho assombrada as minhas mãos vazias...

IX

I lost my fantastic castles
like distant clouds vanishing…
I wanted to win, to fight, to defend them:
I broke my lances one by one.

I lost my galleys over the hazy sea on the deep ice.
—So many reefs! Who could have seen them?—
I threw myself into the sea and saved nothing.

I lost my trophy, my ring,
my coat of steel, my charger.
I lost my gold helmet and my precious stones.

Strange supplications rise from my lips…
Mountains weigh on my heart…
I see, terrified, my empty hands…

X

Eu queria mais altas as estrelas,
Mais largo o espaço, o sol mais criador,
Mais refulgente a lua, o mar maior,
Mais cavadas as ondas e mais belas;

Mais amplas, mais rasgadas as janelas
Das almas mais rosais a abrir em flor,
Mais montanhas, mais asas de condor,
Mais sangue sobre a cruz das caravelas!

E abrir os braços e viver a vida,
—Quanto mais funda e lúgubre a descida
Mais alta é a ladeira que não cansa!

E, acabada a tarefa...em paz, contente,
Um dia adormecer, serenamente,
Como dorme no berço uma criança!

X

I wanted the stars higher,
space wider, the sun more creative,
the moon brighter, the sea larger,
the waves more hollow and beautiful;

the windows of the soul thrown open wider,
more rose bushes open in bloom,
more mountains, more condor wings,
more blood on the ships' crosses.

And to open my arms and live life,
—the deeper and gloomier the descent
the higher the never ending ascent.

And the task finished, to sleep
one day, at peace, happy,
serenely as a child sleeps in his crib.

Reliquiae

Both *Charneca em Flor* and Espanca's
final book, *Reliquiae*, were published
posthumously. *Reliquiae* was assembled
and edited by Guido Battelli, an Italian
scholar of letters who took a strong
interest in Espanca's work.

O Meu Impossível

Minh'alma ardente é uma fogueira acesa,
É um brasido enorme a crepitar!
Ânsia de procurar sem encontrar
A chama onde queimar uma incerteza!

Tudo é vago e incompleto! E o que mais pesa
É nada ser perfeito! É deslumbrar
A noite tormentosa até cegar
E tudo ser em vão! Deus, que tristeza!...

Aos meus irmãos na dor já disse tudo
E não me compreenderam!...Vão e mudo
Foi tudo o que entendi e o que pressinto...

Mas se eu pudesse, a mágoa que em mim chora,
Contar, não a chorava como agora,
Irmãos, não a sentia como a sinto!...

My Impossible

My ardent soul is a burning pyre,
An enormous scorching brazier!
The agony of searching for, and not finding,
The fire that consumes self-doubt!

Everything is unclear and incomplete.
And what weighs most is that nothing is perfect.
To be dazzled by flames until blind
through the tormented night, and all for nothing!
  God, how sad!

To my brothers in pain I've said everything,
and they don't understand me! Foolish and mute
It was everything I knew and all I envision...

But if I had been able to tell the hurt
that cries in me, I wouldn't have cried like I am now.
Brothers, I wouldn't have felt like I do

Voz que se Cala

Amo as pedras, os astros e o luar
Que beija as ervas do atalho escuro,
Amo as águas de anil e o doce olhar
Dos animais, divinamente puro.

Amo a hera que entende a voz do muro,
E dos sapos, o brando tilintar
De cristais que se afagam devagar,
E da minha charneca o rosto duro.

Amo todos os sonhos que se calam
De corações que sentem e não falam,
Tudo o que é Infinito e pequenino!

Asa que nos protege a todos nós!
Soluço imenso, eterno, que é a voz
Do nosso grande e mísero Destino!...

Silenced Voices

I love the stones, stars, and moon
that kiss the herbs along the secret path.
I love the indigo water and the animals'
sweet, artless look.

I love the ivy that knows the wall's voice,
and the toads', the gentle tinkle
of slowly stroked crystals
and the hard faces of my savanna.

I love all the silenced dreams
of hearts that feel and don't speak,
all that is numberless and tiny!

Arm that protects us all!
Immense, endless sob that is the voice
of our sublime and wretched fate!

Sonho Vago

Um sonho alado que nasceu num instante,
Erguido ao alto em horas de demência...
Gotas de água que tombam em cadência
Na minh'alma tristíssima, distante...

Onde está ele o Desejado? O Infante?
O que há de vir e amar-me em doida ardência?
O das horas de mágoa e penitência?
O Príncipe Encantado? O Eleito? O Amante?

E neste sonho eu já nem sei quem sou...
O brando marulhar dum longo beijo
Que não chegou a dar-se e que passou...

Um fogo-fátuo rútilo, talvez...
E eu ando a procurar-te e já te vejo!...
E tu já me encontraste e não me vês!...

Empty Dream

A winged dream that was born in an instant,
raised up high in hours of dementia...
Drops of water that fall in cadence
in my pathetic soul, distant.

Where is the Desired? The Golden Boy?
He who must come and love me with insane passion?
He of hours of pain and penance?
The Enchanted Prince? The Elected? The Lover?

And in this dream I don't even know who I am...
the gentle lapping of a long kiss
that didn't satisfy and passed...

A rosy will-o-the wisp, maybe...
And I'm looking for you and now I see...
And you have found me and do not see me...

Primavera

É Primavera agora, meu Amor!
O campo despe a veste de estamenha;
Não há árvore nenhuma que não tenha
O coração aberto, todo em flor!

Ah! Deixa-te vogar, calmo, ao sabor
Da vida... não há bem que nos não venha
Dum mal que o nosso orgulho em vão desdenha!
Não há bem que não possa ser melhor!

Também despi meu triste burel pardo,
E agora cheiro a rosmaninho e a nardo
E ando agora tonta, à tua espera...

Pus rosas cor-de-rosa em meus cabelos...
Parecem uma rosal! Vem desprendê-los!
Meu Amor, meu Amor, é Primavera!...

Spring

It is Spring, my love!
The meadow is shedding its sackcloth;
there is not a tree that hasn't
opened its heart, all in flower!

Oh let yourself float, serene,
at life's pleasure. Every blessing stems
from pain that our dignity scorns in vain.
Every good can be better.

I too have taken off my sad brown habit
and smell of rosemary and nard,
and I'm giddy awaiting your pleasure.

I've put pink roses in my hair.
It looks like a rose bush! Come and unbind it.
My love, my love, it is Spring.

Noite de Chuva

Chuva...Que gotas grossas!...vem ouvir:
Uma... duas... mais outra que desceu...
É Viviana, é Melusina a rir,
São rosas brancas dum rosal do céu...

Os lilases deixaram-se dormir...
Nem um frémito... a terra emudeceu...
Amor! Vem ver estrelas a cair:
Uma... duas... mais outra que desceu...

Fala baixo, juntinho ao meu ouvido
Que essa fala de amor seja um gemido,
Um murmúrio, um soluço, um ai desfeito...

Ah, deixa à noite o seu encanto triste!
E a mim...o teu amor que mal existe,
Chuva a cair na noite do meu peito!

Rainy Night

It's raining. What fat drops! Come listen:
One... two... another one fallen...
It's Vivian and Melusine laughing,
white roses from a heavenly garden...

The lilacs are left sleeping.
Not even a quiver... the earth is still.
Love! Come see the falling stars:
One, two, another one fallen...

Speak softly, close to my ear.
Let this sweet talk be a sigh,
a murmur, a cry, a total undoing...

Ah, leave your sad affair to the night!
And to me, your nonexistent love,
the rain falling in my dark heart!

Divino Instante

Ser uma pobre morta inerte e fria,
Hierática, deitada sob a terra,
Sem saber se no mundo há paz ou guerra,
Sem ver nascer, sem ver morrer o dia,

Luz apagada ao alto e que alumia,
Boca fechada à fala que não erra,
Urna de bronze que a Verdade encerra,
Ah! ser Eu essa morta inerte e fria!

Ah, fixar o efêmero! Esse instante
Em que o teu beijo sôfrego de amante
Queima o meu corpo frágil de âmbar loiro;

Ah, fixar o momento em que, dolente,
Tuas pálpebras descem, lentamente,
Sobre a vertigem dos teus olhos de oiro.

Divine Moment

To be a poor corpse inert and cold,
hieratic, lying under the earth,
without knowing whether the world is at peace or war,
without seeing the day born or die.

No shining light from on high,
shut mouth speaking no error,
a bronze urn that holds the Truth,
Ah, to be this corpse inert and cold.

Ah, to fix the ephemeral. This instant
in which your eager lover's kiss
burns my fragile body of light amber;

Ah, to fix the moment in which, dolefully,
your eyelids close, slowly,
on the vertigo of your golden eyes.

Silêncio!...

No fadário que é meu, neste penar,
Noite alta, noite escura, noite morta,
Sou o vento que geme e quer entrar,
Sou o vento que vai bater-te à porta...

Vivo longe de ti, mas que me importa?
Se eu já não vivo em mim! Ando a vaguear
Em roda à tua casa, a procurar
Beber-te a voz, apaixonada, absorta!

Estou junto de ti e não me vês...
Quantas vezes no livro que tu lês
Meu olhar se pousou e se perdeu!

Trago-te como um filho nos meus braços!
E na tua casa... Escuta!... Uns leves passos...
Silêncio, meu Amor!... Abre! Sou eu!...

Silence!

In my hard life, in this grief,
high night, dark night, dead night,
I am the wind that moans and wants to enter,
I am the wind knocking at your door...

I live far from you, but what do I care
If I no longer live in me? I wander
circling your house, seeking
to drink your voice, in love, fixated!

I am beside you and you don't see me.
So many times in the book you're reading
my gaze paused and got lost!

I carry you like a child in my arms!
And in your house... listen!... light steps...
Silence, my Love!... Open! It is I!...

Os Meus Versos

Rasga esses versos que eu te fiz, Amor!
Deita-os ao nada, ao pó, ao esquecimento,
Que a cinza os cubra, que os arraste o vento,
Que a tempestade os leve aonde for!

Rasga-os na mente, se os souberes de cor,
Que volte ao nada o nada dum momento!
Julguei-me grande pelo sentimento,
E pelo orgulho ainda sou maior!...

Tanto verso já disse o que eu sonhei!
Tantos penaram já o que eu penei!
Asas que passam todo o mundo as sente...

Rasga os meus versos...Pobre endoidecida!
Como se um grande amor cá nesta vida
Não fosse o mesmo amor de toda a gente!...

My Poems

Tear up these poems I wrote for you, love.
Throw them to the void, to the dust, to oblivion,
Let ashes cover them, let the wind blow them away,
let the storm take them wherever it will.

Tear them up in your mind, if you know them
  by heart.
Let them return to the nothing, the nothing of a
  moment.
I thought myself excellent for my feelings,
and for my pride I am still very good…

So many poems have already said what I dreamed.
So many have already suffered what I suffered.
Everyone feels beating wings.

Tear up my poems…poor crazy woman!
As if a sublime love here in this life
weren't the same for everyone.

Loucura

Tudo cai! Tudo tomba! Derrocada
Pavorosa! Não sei onde era dantes.
Meu solar, meus palácios, meus mirantes!!
Não sei de nada, Deus, não sei de nada!...

Passa em tropel febril a cavalgada
Das paixões e loucuras triunfantes!
Rasgam-se as sedas, quebram-se os diamantes!
Não tenho nada, Deus, não tenho nada!!...

Pesadelos de insónia, ébrios de anseio!
Loucura a esboçar-se, a enegrecer
Cada vez mais as trevas do meu seio!

Ó pavoroso mal de ser sozinha!
Ó pavoroso e atroz mal de trazer
Tantas almas a rir dentro da minha!

Madness

Everything falls. Everything tumbles.
Dreadful ruins! I don't know where I was!
My terrace, my palaces, my station…
I know nothing, God, nothing.

The cavalcade of passions and follies
triumphant passes in fevered throng.
They rip up silks, break up diamonds.
I have nothing, God, nothing.

Nightmares of insomnia, drunk with anxiety.
Madness to sketch, to blacken
the darkness of my soul even more.

O dreadful evil of being alone!
O dreadful and atrocious evil to carry
So many laughing souls inside mine!

Deixai Entrar a Morte

Deixai entrar a Morte, a Iluminada,
A que vem pra mim, pra me levar.
Abri todas as portas par em par
Com asas a bater em revoada.

Que sou eu neste mundo? A deserdada
A que prendeu nas mãos todo a luar,
A vida inteira, o sonho, a terra, o mar
E que, ao abri-las, não encontrou nada!

Ó Mãe! Ó minha Mãe, pra que nasceste?
Entre agonias e em dores tamanhas
Pra que foi, dize lá, que me trouxeste

Dentro de ti?... Pra que eu tivesse sido
Somente o fruto amargo das entranhas
dum lírio que em má hora foi nascido!...

Let Death Enter

Let Death enter, the Enlightened,
she who is coming to take me.
I have opened all the doors wide
with wings beating in flight.

What am I in this world? The disinherited,
who held in her hands her whole life,
all the moonlight, the dream, the land, the sea,
and who, opening them, found nothing!

O Mother! O my Mother, why were you born?
Among such great pains and agonies,
why was it, tell me, that you carried me

inside you? Why should I have been
only the bitter fruit of the womb
of a lily born at a bad time?...

Navios-Fantasmas

O arabesco fantástico do fumo
Do meu cigarro traça o que disseste,
A azul, no ar, e o que me escreveste,
E tudo o que sonhaste e eu presumo.

Para a minha alma estática e sem rumo,
A lembrança de tudo o que me deste
Passa como o navio que perdeste,
No arabesco fantástico do fumo...

Lá vão! Lá vão! Sem velas e sem mastros,
Têm o brilho rutilante de astros,
Navios-fantasmas, perdem se a distância!

Vão-me buscar, sem mastros e sem velas,
Noiva-menina, as doidas caravelas,
Ao ignoto País da minha infância...

Ghost Ships

The fantastic arabesque of smoke
the blue in the air from my cigarette
traces what you said and wrote,
and everything you dreamed and I presume.

To my static and aimless soul
The memory of everything you gave me
passes like the ship you lost
in the fantastic arabesque of smoke...

There they go! There they go! Without sails and masts,
they are the brilliant red of stars,
ghost ships, lost in the distance!

They are taking me, without masts and sails,
child-bride, the crazy caravels
to the unknown country of my childhood...

À Morte

Morte, minha Senhora Dona Morte,
Tão bom que deve ser o teu abraço!
Lânguido e doce como um doce laço,
E, como uma raiz, sereno e forte.

Não há mal que não sare ou não conforte
Tua mão que nos guia passo a passo
Em ti, dentro de ti, no teu regaço
Não há triste destino nem má sorte.

Dona Morte dos dedos de veludo,
Fecha-me os olhos que já viram tudo!
Prende-me as asas que voaram tanto!

Vim da Moirama, sou filha de rei,
Má fada me encantou e aqui fiquei
À tua espera,... quebra-me o encanto!

To Death

Death, my lady Death
So good thy embrace must be!
Languid and sweet as a sweet snare,
and like a root, serene and strong.

There is no evil that you don't heal or comfort
Thy hand guides us step by step.
In thee, inside thee, in thy lap
there is no sad fate or bad luck.

Lady Death of velvet fingers,
close my eyes that have seen everything!
Press my wings that have flown so much!

I came from Moirama, the daughter of a king.
Bad magic enchanted me and here I stayed
awaiting you...break the spell!

O Meu Soneto

Em atitudes e em ritmos fleumáticos,
Erguendo as mãos em gestos recolhidos,
Todos brocados fúlgidos, hieráticos,
Em ti andam bailando os meus sentidos...

E os meus olhos serenos, enigmáticos,
Meninos que na estrada andam perdidos,
Dolorosos, tristíssimos, extáticos,
São letras de poemas nunca lidos...

As magnólias abertas dos meus dedos
São mistérios, são filtros, são enredos
Que pecados d'amor trazem de rastos...

E a minha boca, a rútila manhã,
Na Via Láctea, lírica, pagã,
A rir desfolha as pétalas dos astros!...

My Sonnet

In slow attitudes and rhythms,
stretching my hands in remembered gestures,
all shiny brocades, dramatic,
I dance my senses in you.

And my serene eyes, enigmatic,
lost street boys,
pained, sad, ecstatic,
are the letters of poems never read.

The open magnolias of my fingers
are mysteries, are philters, are plots
whose sins of love bring you to your knees.

And my mouth, rutile morning
in the Milky Way, lyrical, pagan,
laughing, defoliates the petals of the stars...

Acknowledgement

"Only the poets are free…" proclaimed Jonas Mekas shortly after his arrival in New York City, as a displaced person in the aftermath of World War II and the occupation of his home country, Lithuania. Jonas is an artist of many talents but certainly he felt in his hardship days how poetry sets people free from various sorts of personal and existential adversity and anguish. The Portuguese poet, Florbela Espanca, was a displaced person in her own country striving for the freedom and life she could not have in the time she lived. As the translator Billie Maciunas noted "Her life was filled with torment caused by her gender, her deviation from provincial mores, and her lifelong sense of loss and abandonment."

Gratitude is due, first of all, to Billie Maciunas who in 1979 fell in love with a beautiful Fado song based on Florbela's powerful lyric poem "Amar" and embarked on a journey of perseverance and dedication to the study of the Portuguese Language and Florbela's poetry. But this publication would not be possible without an equally moving act of generosity by Jonas Mekas who last year came to the Consulate of Portugal with Sara Trindade, bringing with him Billie's draft and the determination to see it published in New York. We were then celebrating 225 years of the Consulate of Portugal in New York and it seemed appropriate to include this project in our program. After all, poetry is a defining means of expression of the Portuguese soul, one that best transports the meaning of "saudade," sung by Florbela in many of her sonnets.

The decisive support of the Instituto Camões in Portugal and the Consulate of Portugal in New York was rapidly matched by the prompt and careful response of Phong Bui, publisher of the *Brooklyn Rail*, and the commitment of the Saudade Theater to support this project with their affectionate ambition of bringing Portuguese literature to an interested audience in New York. Last but not least, a word of thanks to the editorial and production team at the *Brooklyn Rail*, to Connie Kang in particular, to Sebastian Mekas for his gentle and gracious support at his fathers side and to Lucien, full of charm and master of delicious food at his French bistro, where it has been a pleasure to socialize about art and poetry and to plan Florbela Espanca surfacing in New York.

Manuela Bairos
Consul General of Portugal
New York, October 31st, 2017

Rail Editions, the publishing wing of the *Brooklyn Rail*, publishes books of art and literary criticism, poetry, experimental fiction, prose meditation, artists' writings, and works in translation.

Rail Editions
253 36th Street, Unit 20
Brooklyn, NY 11212
www.brooklynrail.org

ISBN-I3: 978-1-934029-32-9

First English Edition, 2018

Cover image: Andrew Sendor, *Portrait of Florbela Espanca*, 2018. Graphite on paper, 17 x 13 inches. Courtesy the artist and Sperone Westwater, New York.

Small Press Distribution, 1341 Seventh Street
Berkeley, CA 94710 | 800-860-7553
orders@spdbooks.org | www.spdbooks.org

TRANSLATION
Billie J. Maciunas

EDITOR
Charity Coleman

RAIL EDITIONS MANAGER
Kang Kang

THANKS
Sara Christoph
Stephanie Skaff
The translator wishes to thank Jonas and Charity for being
fans of Florbela's poetry and making this book possible

COVER DESIGN
Juliette Cezzar and Lauren Francescone

LAYOUT
Lauren Francescone

TYPEFACES
Adobe Garamond Pro | Firme

Published with the support of Camões–Instituto
da Cooperação e da Língua I.P. and the Consulate
General of Portugal in New York.